Vamos a medir la luz del día

Organizar los datos

Sheri Lang

COMPUTACIÓN CIENTÍFICA EN EL MUNDO REAL™

Rosen Classroom™

Publicado en 2018 por The Rosen Publishing Group, Inc. 29 East 21st Street, New York, NY 10010

Autor: Sheri Lang
Traductor: Alberto Jiménez
Directora editorial, español: Nathalie Beullens-Maoui
Editora, español: María Cristina Brusca
Editora, inglés: Caitie McAneney
Diseño del libro: Jennifer Ryder-Talbot

Todas las ilustraciones por Contentra Technologies

Library of Congress Cataloging-in-Publication Data

Names: Lang, Sheri.
Title: Vamos a medir la luz del día: Organizar los datos / Sheri Lang.
Description: New York : Rosen Classroom, 2018. | Series: Niños digitales: Superdotados con pensamiento computacional | Includes glossary and index.
Identifiers: LCCN ISBN 9781538358757 (pbk.) | ISBN 9781538329238 (library bound) | ISBN 9781508138280 (ebook) | ISBN 9781538358764 (6-pack)
Subjects: LCSH: Day--Juvenile literature. | Night--Juvenile literature. | Earth (Planet)--Rotation--Juvenile literature. | Graphic methods--Juvenile literature.
Classification: LCC QB633.L36 2018 | DDC 525'.35--dc23

Photo Credits: Cover Grisha Bruev/Shutterstock.com; p. 4 (daytime) Andrey Desfoto/Shutterstock.com; p. 4 (nighttime) Maxim Khytra/Shutterstock.com; p. 7 (earth) Alfonso de Tomas/Shutterstock.com; p. 8-9 emperorcosar/Shutterstock.com; p. 11 Africa Studio/Shutterstock.com; p. 12-13 Volodymyr Martyniuk/Shutterstock.com; p. 15 Rawpixel.com/Shutterstock.com; p. 20 everst/Shutterstock.com.

IFabricado en Estados Unidos de América

Información de cumplimiento CPSIA Lote #WS18RC: Si desea más información póngase en contacto con Rosen Publishing, New York, New York, teléf. 1-800-237-9932

Contenido

Día y noche

¿Viste alguna vez un amanecer o un anochecer? ¿Estuviste fuera cuando el Sol estaba en lo más alto o cuando era noche cerrada? Entonces conoces de primera mano la diferencia entre el **día** y la noche.

¿Por qué parece que el Sol sube y baja? ¿Se mueve el Sol o la Tierra? Parece que el Sol sube y baja porque la Tierra rota, gira alrededor de su **eje**. De día, la región donde vivimos da la cara al Sol; de noche, le da la espalda. ¿Qué tipo de datos recopilarías tú sobre las horas de luz?

¿Crees que las horas de luz diarias son las mismas a lo largo del año? ¡Usa datos para averiguarlo!

¿Cuánto dura un día?

Puedes recopilar datos sobre la duración del día (las horas de luz), pero antes debes estudiar las estaciones. La duración del día cambia según las estaciones y los diferentes lugares de la Tierra, porque la Tierra no se limita a rotar: rota sobre un eje inclinado.

El eje terrestre es como una barra que atraviesa la Tierra por el centro. En el **hemisferio** norte es verano cuando se inclina hacia el Sol, entonces los días se alargan y hace calor. Al mismo tiempo, en el hemisferio sur, que se aleja del Sol, es invierno: los días se acortan y hace frío.

El hemisferio norte y el hemisferio sur están separados por el ecuador, una línea imaginaria situada entre ambos hemisferios.

hemisferio norte

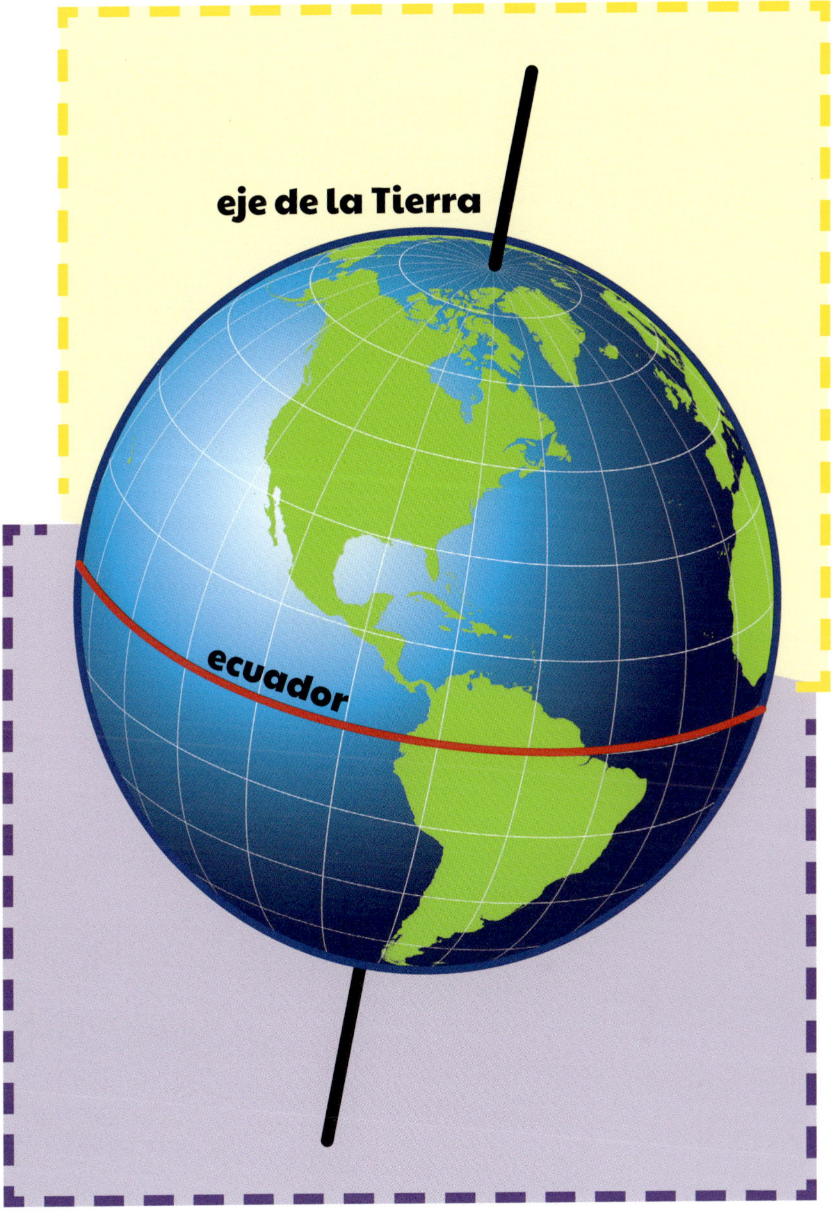

hemisferio sur

Un cambio drástico

Ciertos lugares tienen cambios más **drásticos** entre la cantidad de horas de luz que otros. En los que están a lo largo del ecuador, la luz es la misma todo el año, porque el ecuador está justo entre los **polos**, y no importa cuál de los hemisferios se incline hacia el Sol.

Alaska forma parte de la región ártica. ¡En verano, sus habitantes ven el Sol día y noche!

La duración del día, que se entiende como horas de luz, cambia mucho a lo largo del año en el Ártico (parte del hemisferio norte que rodea el Polo Norte). En invierno, ciertas zonas árticas tienen 24 horas diarias de oscuridad; en verano, 24 horas diarias de luz. ¡Vaya cambio para los seres vivos!

Medir las horas de luz

Ahora que sabes cómo cambian las horas de luz durante el año en distintos lugares de la Tierra, puedes recopilar datos. Primero, elige el intervalo. ¿Quieres que sea una semana, un mes, una estación o un año?

Imagina que vas a recopilar datos durante un año. Así sabrás cómo cambia la duración del día de una estación a otra. Supongamos que vives en Estados Unidos, situado en el hemisferio norte. En tal caso puedes suponer que los días serán más largos en verano que en invierno. ¡Recopila datos para confirmar tu **hipótesis**!

Antes de recopilar datos, debemos formular una hipótesis: suponer lo que ocurrirá.

Recopilar datos

Es mejor empezar la recopilación de datos durante un solsticio, una de las dos épocas del año en que el Sol alcanza su punto más alto o más bajo al mediodía. Los solsticios señalan el día más largo y el día más corto del año. Imagina que empiezas a recopilar datos en el solsticio de invierno del hemisferio norte.

Cada día, anotarás las horas del amanecer y del anochecer. Mira la información en el sitio web del Servicio Meteorológico Nacional. Luego, calcula el tiempo transcurrido entre ambas. Por ejemplo, si el Sol sale a las 7 a. m. y se pone a las 8 p. m., ese día hubo 13 horas de luz.

Si sigues el movimiento del Sol, verás que sale por el este y se pone por el oeste.

Hacer un gráfico de barras

Si recopilas datos durante un año, tendrás 365 cifras anotadas que mostrarán la duración de cada día (horas de luz). ¡Son muchos datos! Para poderlos analizar, debes organizarlos.

Los gráficos y diagramas son herramientas que sirven justo para eso; ayudan a visualizar los datos, a figurar qué significan y también a ver patrones. El gráfico de barras consta de un **eje-x** y un **eje-y**, que depende del eje-x. En tu gráfico de barras tendrás 365 valores en el eje-x, o línea **horizontal**. En el eje-y, o línea **vertical**, tendrás las horas de luz anotadas cada día, de 0 a 24.

Cuando hay muchos datos, es mejor hacer el gráfico de barras utilizando herramientas de Internet.

gráfico lineal

gráfico de barras

Herramientas para organizar datos

diagrama circular

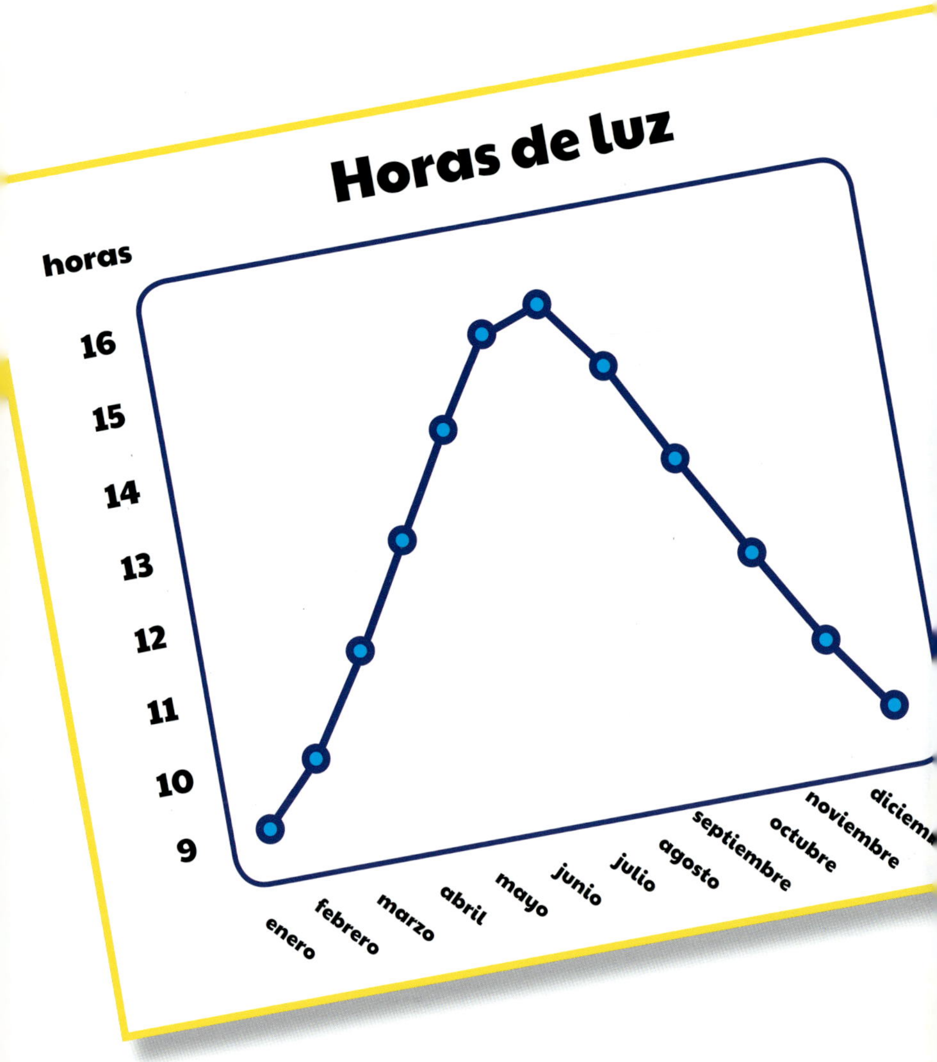

Horas de luz
horas
16
15
14
13
12
11
10
9
enero
febrero
marzo
abril
mayo
junio
julio
agosto
septiembre
octubre
noviembre

Hacer un gráfico lineal

Quizá hayas visto que tu gráfico de barras queda abarrotado con tantos datos. ¿Sería mejor organizarlos con un gráfico lineal? ¡Prueba!

El gráfico lineal tiene un eje-x y un eje-y, igual que el de barras. Sin embargo, hay que dibujar puntos donde se crucen los valores del eje-x y del eje-y, y luego unir esos puntos. Como el gráfico de barras, el lineal muestra patrones. Verás que la línea sube durante medio año y después cae. Eso demuestra que, tras el solsticio de invierno, la duración del día aumenta hasta el solsticio de verano, cuando comienza a disminuir de nuevo.

Haz un gráfico lineal con las horas de luz del primer día de cada mes. Con eso simplificarás el gráfico, pero seguirás visualizando el patrón que muestra.

Hacer un diagrama circular

El diagrama circular es muy distinto del gráfico lineal o el de barras porque, en vez de mostrar cómo cambia algo con el tiempo, muestra cómo se fragmenta un todo en partes, como las porciones de un pastel.

Con él verás la parte de cada día con horas de luz. Por ejemplo, imagina que el día con más horas de luz (15 horas) fue el día del solsticio de verano. En el gráfico circular verás que hubo 15 horas de luz sobre un total de 24, es decir, que ese día hubo mucha más luz que oscuridad.

Este diagrama de tarta te ayuda a visualizar las horas de luz y las horas de oscuridad de un solo día.

Horas de luz

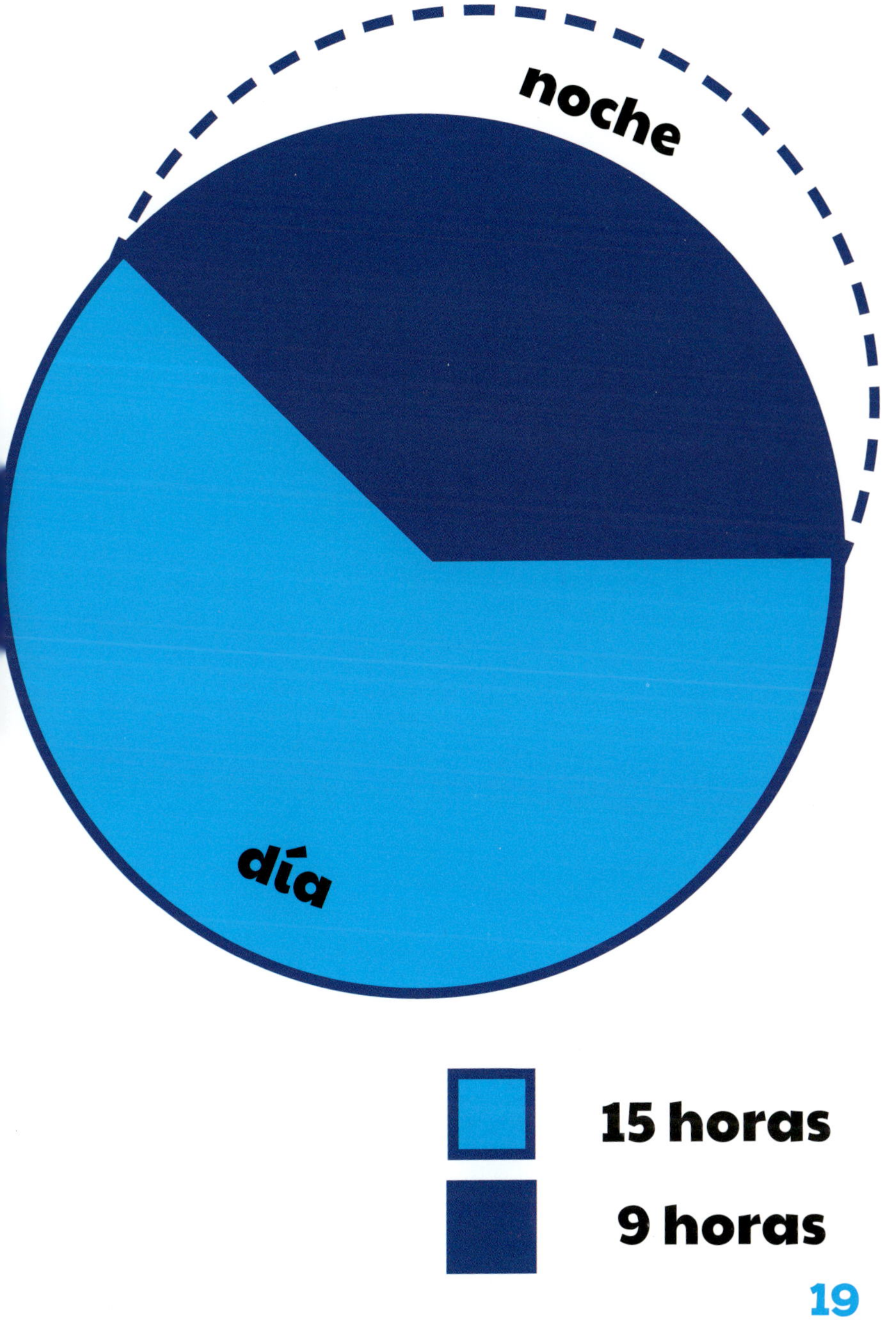

Si donde tú vives, este diciembre hay solo nueve horas de luz al día, puedes predecir que el próximo diciembre habrá la misma cantidad.

¿Qué ves?

Una vez que hayas organizado los datos en gráficos y diagramas, verás patrones y tendencias. Advertirás que en el gráfico lineal y en el de barras hay una subida **gradual** hasta el solsticio de verano, en junio, y después una bajada gradual hasta el solsticio de invierno, en diciembre.

¿Cómo usarás los datos que organizaste? Por ejemplo, para comparar la duración del día (horas de luz) de una estación a otra. Tus datos confirman tu hipótesis: los días son más largos en verano que en invierno. También puedes usarlos para predecir cuánto durará el día en cierta época del año.

¡Vamos a organizarnos!

Recopilar una gran cantidad de datos es difícil, ¡y analizarlos es aún más difícil! Para simplificar la tarea, es mejor ordenarlos con gráficos y diagramas. Con esas ayudas visuales podremos comparar valores e incluso predecir lo que ocurrirá.

Hacer gráficos a mano en papel cuadriculado no es imposible, pero si los datos son muchos lleva mucho tiempo. Es mejor servirse de una computadora y hacerlos con un programa llamado Excel o con las herramientas que ofrecen los sitios web educativos.

Glosario

día: Tiempo que tarda la Tierra en dar una rotación, unas 24 horas. Horas de luz diarias.

drástico: Radical.

eje: Recta imaginaria alrededor de la cual gira un planeta.

eje-x: Línea horizontal de un gráfico; no depende del valor del eje-y.

eje-y: Línea vertical de un gráfico; depende del valor del eje-x.

gradual: Progresivo, de grado en grado.

hemisferio: Una mitad de la Tierra.

hipótesis: Una suposición fundamentada.

horizontal: Paralelo a la línea que parece formarse donde la tierra se encuentra con el cielo.

polo: Cualquiera de los extremos de la recta imaginaria alrededor de la cual gira la Tierra u otro planeta.

vertical: Recto de arriba abajo.

Índice